Mujer, olvida a ese hombre que te hizo tanto daño

Título: **Mujer, olvida a ese hombre que te hizo tanto daño**

2018   María Abreu

Primera edición

Todos los derechos reservados

http://www.cuentosinfantilesconvalores.com

ÍNDICE

Mujer, olvida a ese hombre que te hizo tanto daño

Cuando un hombre te es infiel y muchas veces termina abandonándote por la otra, o te abandona por otra razón, es normal que sientas dolor en el corazón. A veces ira, escalofríos, mareos, vómitos, diarrea, sudores fríos…

En lugar de quedarte llorando, lamentándote o haciéndote mil preguntas sin respuesta, o quizás con la esperanza de que volverá a ti porque eres buena chica, deberías plantearte si vale la pena luchar para recuperarlo.

¿Vale la pena ir tras él? ¿Vale la pena esperar a ver si se arrepiente y vuelve a tus brazos?

Antes de responderte estas dos preguntas, reflexiona y haz un listado de las cosas que no te gustaban de él. Por ejemplo: si no era cariñoso, sincero, atento, detallista, si no sabía escucharte, si era impuntual, si no tomaba en cuenta tus inquietudes, anhelos, entre otros.

Si con ese listado de las cosas que no te gustaban de él aún sientes que lo sigues queriendo y te llegan pensamientos bonitos acéptalos; pero no los anides en tu mente ni en tu corazón, déjalos ir, porque pueden ser una distracción o un impedimento para conocer a la persona que realmente te valorará y te amará como realmente lo mereces.

¡Es que a pesar de todo el daño que me hizo no puedo olvidarlo!

Piensa que es un proceso que debes pasar; pero depende de ti el tiempo que durará ese proceso.

No malgastes tu energía con pensamientos de dolor, resentimientos e indignación. Dirige tu energía en cumplir tus sueños. ¿De qué te gustaría disfrutar? ¿Dónde te gustaría viajar?

Piensa y dirige tu energía en cumplir aquellos sueños que no pudiste realizar porque estuviste muy pendiente de tu expareja. ¡Piensa en libertad!

No intentes ganarte a una persona que no te quiere.

Si te das cuenta de que no te quiere asúmelo, déjalo ir. No intentes ganarte a esa persona demostrando que eres buena chica o estando ahí cada vez que él te necesite. No le des esa seguridad de que cada vez que él quiera volver tú estarás esperándolo.

Es que me siento culpable de lo que pasó

Entonces reflexiona en aquellos puntos por los que crees que eres culpable para que en una próxima relación no cometas los mismos errores. Aunque muchas veces el hombre quiere culpar a la mujer de sus errores cuando realmente él es quien no controla su desequilibrio emocional y sentimental.

¡Él puede cambiar, quiero ayudarlo!

Eso sería malgastar tu tiempo, estarías autoengañándote. No intentes cambiar algo que tú sabes que está arraigado en la personalidad de esa persona. Tú no tienes el poder de cambiar a nadie, ese poder sólo lo tiene él. Es él quien puede decidir, dirigir y controlar sus emociones y pensamientos.

Recuerda que **cuando una persona ya es adulta no cambia, simplemente modera la conducta.**

¿Entonces debo esperar al hombre perfecto?

Claro que no, el hombre perfecto no existe, pero sí debes esperar al hombre que realmente te ame, te valore y te respete porque tú lo mereces.

Quiero vengarme

Si sientes el deseo de vengarte quiero decirte que no vale la pena, por más que quieras que él sienta lo mismo que tú has sufrido quita de ti ese deseo porque al final sería como añadirle una tempestad a tu viento desfavorable.

En la vida lo que siembras eso cosechas. Dale tiempo al tiempo y deja que sea éste el que le haga pagar el daño.

Cuando piensas en venganza es porque no has podido olvidarlo y él sigue controlando tus emociones cuando deberías contralarlas tú pensando en ser feliz. Deja la mente y el corazón libre, dispuesto a buscar o esperar a esa persona especial que llegará a tu vida.

Enfoca tu poder en ti misma. **Poder de cambiar tu situación, poder de levantarte, poder de triunfar en el amor, poder de seguir adelante...**

No pierdas tu poder pensando en vengarte de quien te hizo daño, aunque se te presente la oportunidad de hacerlo. Usa tu poder en esforzarte por ser feliz.

Recuerda que la felicidad es una elección. No importa cómo se te presente la vida, porque las adversidades siempre llegarán, pero hay que dejarlas pasar, no las retengas, elige ser feliz.

Con todo esto no te estoy diciendo que bloquees tus emociones, simplemente te estoy diciendo que aceptes y rechaces lo que realmente vale la pena sentir.

¿Resentimiento? ¡Déjalo ir! ¿Dolor? ¡Déjalo ir! ¿Miedo a quedarte sola? ¡Déjalo ir! ¿Amargura? ¡Déjala ir!

Acepta el dolor y déjalo ir, eso te permitirá no estancarte como el agua contaminada. **Deja que fluyan en ti sentimientos enfocados en tu bienestar y felicidad.** Sentimientos de amor, paz, seguridad, optimismo, valentía perseverancia… Cuando dejas fluir sentimientos positivos estos terminarán suprimiendo los negativos.

La vida es un regalo, amala y amate

No seas una sombra en la vida, sé una luz que ilumina el camino de los demás con una radiante sonrisa.

Que tu sonrisa sea como un sol que llena de energía positiva a todo el que está a tu alrededor. Sonríe por encima de tus circunstancias, que estas no tengan poder de apagar la luz de tu sonrisa.

Que tu sonrisa siga avanzando haciendo desaparecer los tiempos nublados y oscuros que aparezcan en tu camino.

De los momentos difíciles de la vida siempre se aprende algo. Si de esos tiempos difíciles no aprendiste nada entonces sufriste en vano.

El sufrimiento a veces purifica, modifica el yo. A través del sufrimiento aprendemos a ser valientes y no perecer, a luchar en lugar de retroceder.

Te pongo el ejemplo de la palmera, ésta echa sus raíces en las profundidades de la tierra para que cuando vengan los vientos fuertes no puedan derribarla.

Cuando el viento sopla y sopla sobre la palmera ésta se dobla casi rozando el suelo, pero nunca por más que sople el viento cae derrotada al suelo, porque la palmera sabe que los vientos son temporales y que volverá a estar de pie alcanzando las alturas.

Quien controla tu mente te controla a ti

Si sales a caminar y no disfrutas del paseo porque te acuerdas de él, si vas a cenar y no disfruta de la cena porque te acuerdas de él, si hablas con tus amigas/os y no disfrutas de la charla o no te concentras porque te acuerdas de él, si te vas a dormir y no puede conciliar el suelo porque te acuerdas de él, esto es una señal inequívoca de que él está controlando tu mente; por lo tanto te está controlando a ti.

La persona que te hizo daño aún estando a kilómetros de distancia te sigue controlando porque no has podidos sacarlo de tu mente.

Esta persona a quien quieres olvidar va contigo a todas partes y no te deja recrearte en los pequeños momentos que tienen sentido disfrutar.

Estar recordando continuamente a tu ex pareja es como darle continuidad al dolor o al vacío que dejó en ti.

Busca dentro de tu interior e identifica la raíz del dolor. ¿Qué es lo que más te duele? ¿Qué es lo que realmente sientes? ¿Qué es lo que te cuesta olvidar?

Una vez identificado el malestar que llevas dentro arráncalo de raíz y perdona…, perdona… Recuerda que tú decides, tú controlas.

 Cuando hablas con tu interior éste saca a la luz el problema y te ayuda a madurar y a aprender para que en una futura relación no te pase lo mismo ni cometas los mismos errores.

Recuerda que **en cada adversidad de la vida se aprenden cosas, si no aprendes entonces has sufrido en vano.**

No dejes que las circunstancias ni las personas controlen tu estado de ánimo.

Elige perdonar

Busca en lo profundo de tu interior e identifica la raíz del dolor. Cuando identificas lo que realmente te está haciendo daño piensa por un momento y pregúntate si vale la pena sentir lo que sientes.

Elige perdonar, el perdón te hace libre y también deja libre el corazón de quien te hizo daño. El perdón arranca de raíz todos los males y sana el corazón más dolido.

Yo perdono, pero no olvido

Debes perdonar desde lo más profundo de tu corazón hasta tal punto de que cuando te acuerdes del daño o veas a la persona que te lo causó no sientas dolor en el corazón.

¿Debo olvidar y no recordar nunca más?

Creo que nadie sufre de amnesia (pérdida o debilidad notable de la memoria). En un sentido es bueno no olvidar para que no permitas que nadie más te vuelva a causar el mismo daño, porque en ese dolor ya aprendiste a prevenir.

No te estoy diciendo que no te fíes de nadie, porque no todas las personas son iguales. Simplemente te estoy diciendo que crees muros de defensa en tu corazón para que puedas elegir al hombre que te respetará, te amará y te hará feliz igual que tú a él.

¿Cómo sé que he perdonado a esa persona?

Si te encuentras con él, recuerdas lo que te hizo y sientes dolor en el corazón es porque realmente aún no lo has perdonado. Todavía hay heridas en el corazón que sangran.

Mas **sabrás que lo has perdonado si un día te encuentras con él, recuerdas lo que te hizo, pero no sientes dolor en el corazón.**

Y olvidarás tu miseria, o te acordarás de ella como aguas que pasaron. (Job 11: 16)

Cuando realmente perdonas sentirás que tu corazón flota ligero como una pluma por el gran peso que le has quitado.

Tu vida será más radiante que el sol de mediodía, y la oscuridad será como el amanecer. (Job 11:17)

 Hay que perdonar aunque la persona que te hirió no te lo pida o sientas que no se lo merece porque es imposible pasar por la vida sin lastimar y sin ser lastimado. Significa que todos hemos hecho o haremos daño a alguien queriendo o sin querer.

El perdón es un regalo que debes otorgar, aunque pienses que esa persona no sea digna de tu perdón.

¿Sabías que si tú no perdonas Dios tampoco de perdonará a ti?

Porque si vosotros no perdonáis, tampoco vuestro Padre que está en los cielos os perdonará vuestras ofensas. (Marcos 11: 26)

Para Dios es importante el perdón porque sabe que no somos perfectos por eso él nos perdona y tú también debes perdonar.

¡Me siento sola!

Ya lo he perdonado, lo he dejado ir; pero ahora me siento sola. ¡Quiero tener un compañero en mi vida! **¿Qué hago para volver a tener pareja?** ¡No quiero quedarme sola!

Quizás alguien te aconsejará: Sal a la calle, vete de viaje con las amigas así podrás encontrar a alguien… Mas yo te digo que primero escuches a tu corazón. Dentro de ti sabrás qué es lo que realmente quieres o necesitas.

Tu compañero ideal puede estar más cerca de lo que te imaginas como también puede estar muy lejos. Por tanto, no puedes vivir con esa incógnita de dónde estará y cuándo llegará a tu vida.

Mientras vivas pensando desesperadamente en encontrar a esa persona que quieres que llegue a tu vida, estarás malgastando tu energía y tus fuerzas **porque al estar pendiente del mañana te estarás perdiendo vivir el día de hoy.**

¿Entonces qué hacer?

Disfruta cada día como si fuera el último, sonríe cada día como si fueran los días más felices de tu vida, camina con paso firme como si estuvieras construyendo tu propio camino de ilusión, optimismo, alegría y amor.

¿Me estás diciendo que debo ignorar lo que siento? ¿El deseo de encontrar a alguien que realmente me quiera?

No te estoy diciendo eso, simplemente te estoy aconsejando que si te centras en disfrutar cada día de tu vida no importa cómo se te presente; estarías alejando el miedo que tienes a la soledad, el miedo a que esa persona no aparezca en el tiempo que tu crees que más lo necesitas.

Cada día vístete de ropa hermosa, amate y estarás preparada para amar y hacer feliz a la persona que Dios tiene para ti.

Toda tú eres hermosa, amiga mía, y en ti no hay mancha. (Cantares 4:7)

Cuando aparezca esa pareja en tu vida procura que en tu corazón no haya manchas de la relación pasada. No compares ni te molestes en hablar de tu ex pareja porque fueron aguas pasadas que dejaste ir.

Cuando esa persona haya llegado a tu vida no pienses en lo feliz que serás sino en lo feliz que lo harás a él, porque si realmente lo quieres haciéndolo feliz a él lo serás tú también y te sentirás muy dichosa.

¡No estás sola!

Dios ha prometido que nunca te dejará sola, él está a tu lado, sólo tienes que pedirle que te ayude.

Establece una relación de amistad con Dios y cuéntale todo lo que te pasa, Él te escucha, te sostiene y te ayuda.

Porque yo Jehová soy tu Dios, quien te sostiene de tu mano derecha, y te dice: No temas, yo te ayudo. (Isaías 41:13)

Quizás me preguntarás: ¿Por qué tengo que contarle todas mis cosas a Dios si él todo lo sabe?

Te respondo que cuando le cuentas todo lo que te pasa estarás estableciendo una comunión con Él, una amistad más íntima. Es como que estás haciéndole partícipe de lo que estás pasando y quieres saber su opinión, cómo salir de la situación…, y en qué te puede ayudar.

Dios es un padre amoroso y quiere tener cercanía contigo.

Cercano está Jehová a los quebrantados de corazón; Y salva a los contritos de espíritu. (Salmos 34:18)

Aprende a establecer una relación de amistad con Dios, cuéntale todo lo que te pasa y dile que quieres que Él sea tu amigo inseparable.

No temas, porque yo estoy contigo; no desmayes, porque yo soy tu Dios que te esfuerzo; siempre te ayudaré, siempre te sustentaré con la diestra de mi justicia. (Isaías 41: 10)

Lo que no entiendas ahora lo entenderás después

En el momento del proceso de la dificultad, angustia, dolor o soledad no tienes que demandar el por qué.

No siempre tienes que entender el por qué de tu situación, pero sí que es necesario aprender a soportarla porque Dios no permitirá que lleguen pruebas a tu vida que no puedas llevar. Si te encuentras en esa situación es porque tú tienes las fuerzas y la capacidad necesarias para llevarla.

Ahora, es importante que identifiques si te estás comportando de la forma correcta, que tu corazón no esté lleno de amargura, enojo, rechazo, deseo de venganza, etc.

¡No entiendo lo que me está pasando!

A veces pasan situaciones en nuestras vidas en las que nuestro corazón no está preparado para entender el por qué en ese momento, simplemente porque está ahogado en la situación desfavorable en la que está sumergido.

Cuando salgas del proceso del abandono, rechazo, o cualquier dificultad que pasaste mirarás atrás y las recordarás sin dolor y traerás a la memoria todo lo que aprendiste, aunque aún no entiendas por qué tuviste que pasar por todo eso para llegar a la situación favorable en la que actualmente te encuentras.

Pero para eso tienes que entender que no hay que tomar decisiones precipitadas sino esperar en Dios.

Esperar no significa estar quieto sin hacer nada, esperar significa que hagas lo que hagas y por los lugares por donde te muevas Dios pondrá en tu camino a la pareja que tú necesitas.

¿Cómo sé que esa es la persona que Dios tiene para mí?

Observa algunos puntos importantes: si te respeta, camina contigo sintiéndose dichoso, si te escucha en pequeñas o grandes decisiones, si es cariñoso, si no te maltrata, si es trabajador, si te ama… Y si es temeroso de Dios, muchísimo mejor.

Y ahora ¿Entiendes por qué tuviste que pasar por el rechazo o abandono de tu ex pareja?

Pasaste por esa situación simplemente porque tu ex no era la persona que Dios tenía reservada para ti, habías elegido mal.

Recuerda que quien te ama no es egoísta ni te hace sufrir para cumplir sus caprichos.

A continuación, te dejo la ilustración de este cuento corto para que reflexiones sobre quién verdaderamente vale la pena tener a tu lado.

El saltamontes enamorado

Una resplandeciente mañana de calor, el saltamontes Bruno salta por el bosque buscando desayuno.

Entre salto y salto descubre a una mariposa danzando al ritmo del viento sobre los pétalos de una rosa. Él suspira, mas ella le sonríe danzando de puntillas.

El saltamontes atraído por la belleza de la mariposa, salta sobre la rosa y con su carita ruborizada se le acerca diciendo:

_ ¡Hola, mi nombre es Bruno! ¡Bonitos colores!

Pero la mariposa, entre vuelta y vuelta no para de bailar, dibujando en el aire, figuritas de cristal.

_ ¿Podemos desayunar juntos? _ preguntó el saltamontes intentando llamar su atención.

_ Entiendo tu interés; pero sólo si me regalas una estrella del cielo podrás conquistarme_ explicó la mariposa, toda vanidosa.

_ ¡Wau! _ suspira el saltamontes. No se lo podía creer. Pero como sentía mariposas en el estómago le expresó:

_ ¡Por ti haría cualquier cosa!

_ Pues cuando tengas la estrella, búscame en los jardines de este bosque_ comenta la mariposa yéndose hacia otro rosal.

Desde ese día el saltamontes con mucho entusiasmo esperaba la llegada de la noche. Y bajo la luz de la luna, saltaba sin parar: por el prado, por las montañas, por el bosque.

A veces, cuando estaba sobre el pico de una montaña, saltaba tan alto que sentía que rozaba el cielo y que podía alcanzar las estrellas.

Pasadas las horas cuando salían los débiles rayos del sol, el saltamontes descansaba en su pequeña madriguera. Allí vendaba las heridas de sus pies lastimados por los continuos saltos, consciente de que esto le estaba lastimando.

Acostado en su cama, unas lágrimas salían de sus ojos porque pese al esfuerzo se sentía frustrado y poco valorado.

Cuando se sintió un poco mejor, se levantó y se acercó al rosal. Allí encontró a la bella mariposa curvando sus alas al compás del viento sobre los pétalos de una rosa.

La contempla con tristeza, pues sabía que las heridas de sus patitas le impedirían saltar sobre la rosa. Mas ésta al verlo descendió y sólo pensado en su deseo le preguntó:

_ ¿Dónde está mi estrella?

_ ¡No he podido conseguirla y no volveré a intentarlo! _ afirmó el saltamontes.

_ ¡Ah! ¿Por qué? _ preguntó la mariposa muy asombrada.

_ Porque **cuando alguien realmente te quiere no te hace sufrir por puros caprichos_** explicó el saltamontes marchándose del rosal y dejándola sola.

Con el tiempo el saltamontes Bruno se curó de sus heridas y **llegó a conocer a un saltamontes hembra que realmente lo valoraba.**

Autora: María Abreu

Cuando al orgullo lo va alimentando la vanidad termina en el rechazo y al final te quedas solo. Esto fue lo que le pasó a la mariposa.

Tú, Señor, estás en las alturas, pero te dignas atender a los humildes; en cambio, te mantienes alejado de los orgullosos. (Salmos 138: 6)

Título: **Mujer, olvida a ese hombre que te hizo tanto daño**

2018   María Abreu

Primera edición

Todos los derechos reservados

http://www.cuentosinfantilesconvalores.com